SNEAKY PRESS

©Copyright 2023
Pauline Malkoun

A catalogue record for this work is available from the National Library of Australia.

ISBN 9781923175020

Sneaky Press is the imprint of Sneaky Universe.
www.sneakyuniverse.com
First published in 2023

Sneaky Press
Melbourne, Australia.

O Livro de Fatos Aleatórios sobre Carros

Sneaky Press

Conteúdo

Fatos aleatórios sobre a história do carro   6

Fatos aleatórios sobre a produção de carros   10

Formas de carros   12

Fatos aleatórios sobre segurança de carros   14

Fatos aleatórios sobre corridas de carros   16

Primeiros carros   18

Fatos aleatórios sobre carros   20

Mitos sobre carros   26

Curiosidades sobre carros   28

Fatos aleatórios sobre a história do carro

O primeiro carro foi construído por Carl Benz e dirigido em 31 de dezembro de 1879.

Em 1998, foi lançado o último carro projetado para ser iniciado com uma manivela.

Embora os carros tivessem chaves de porta antes, só em 1949 uma chave foi usada para iniciar um carro.

A empresa britânica British Leyland, formada em 1968, era a segunda maior empresa automobilística fora dos EUA, atrás da Volkswagen.

O primeiro carro produzido em massa foi o Ford Model T.

Em 1909, eram precisas 12 horas para montar um Model T.

Em 1913, graças à linha de montagem, demorava apenas 8 minutos.

55% de todos os carros na estrada em 1916 eram Ford Model T.

A Ford produziu mais de 15 milhões de carros entre 1909-1927 - isso era uma média de cerca de 535.000 carros por ano.

Quando os últimos Model T foram produzidos em 1927, eles podiam ser montados em 24 segundos.

O Model T custava US$850 em 1908 (equivalente a cerca de US$25000 hoje). Em 1925, o mesmo carro poderia ser comprado novo por US$260 (equivalente a cerca de US$8000 hoje), resultado direto da produção de carros eficiente. (Esses custos estão em dólares americanos, pois lá que os carros eram produzidos e comprados na época.)

A Holden costumava produzir selas - sim, o que você colocava em um cavalo para montá-lo em anos 1850.

A Peugeot começou fabricando carros em 1890, antes faziam ferramentas manuais, equipamentos de cozinha e bicicletas.

A Rolls-Royce fabrica motores de avião, além de scarros de luxo.

A Toyota faz teares automáticos (máquinas de tecidos) além de carros.

Além de carros, a SAAB fabrica aviões militares, sistemas de controle de tráfego aéreo e radar.

A Hyundai também constrói navios, motores e outras máquinas além de carros.

Fatos aleatórios sobre a produção de carros

Segundo os dados conhecidos, são produzidos 115 carros por minuto, 6875 carros por hora, 165000 por dia totalizando 60 milhões de carros por ano!

25% de todos os carros produzidos são feitos na China.

Existem mais de 30000 peças únicas no carro médio.

O primeiro carro com tração nas quatro rodas foi produzido para o exército dos EUA em 1940 - era um Jeep.

A Toyota produz 13000 carros por dia, sendo a maior produtora mundial. O carro mais vendido é o Corolla, com mais de 50 milhões vendidos até agosto de 2021.

A Ford produz entre 8000-10000 carros por dia.

A Ferrari não produz mais do que 14 carros por dia.

Formas de carros

Existem seis formas principais de carro.

Hatchback

Coupé

Sedan

Ute

Tração nas
quatro rodas

Van

13

Fatos aleatórios sobre segurança de carros

O dia em que ocorrem mais acidentes com automóveis é sábado.

A maioria dos acidentes ocorre dentro de um raio de 5 km da casa da pessoa.

Usar cinto de segurança ao andar em um carro reduz o risco de morte em um acidente em 61%.

O cinto de segurança com três pontos foi inventado pela Volvo em 1959 e salva uma vida a cada seis segundos. A Volvo permitiu que todos os outros fabricantes copiassem o design para que as pessoas pudessem estar mais seguras em qualquer carro.

Os airbags foram introduzidos pela primeira vez em alguns carros em 1974.

São necessários apenas 40 milissegundos para um airbag inflar.

Fatos aleatórios sobre corridas de carros

A primeira corrida de carros aconteceu em Paris em 22 de julho de 1894.

As corridas de carros ocorrem tanto em estradas públicas quanto em pistas de corrida.

O rally envolve carros normais que foram modificados para corrida.

Apenas Ford Fusions, Dodge Chargers, Chevrolet Impalas e Toyota Camrys podem atualmente competir nas corridas da NASCAR.

A Fórmula 1 envolve carros especialmente projetados muito rápidos, que percorrem voltas ao redor de uma pista especial.

Existem cerca de 15-20 corridas de Fórmula 1 a cada ano, organizadas por vários países em todo o mundo. Essas corridas combinadas são chamadas de Grande Prêmio. O vencedor do Grande Prêmio é a equipe que teve mais sucesso durante o ano.

A primeira corrida de Fórmula 1 ocorreu em 13 de maio de 1950 no Reino Unido.

Primeiros carros

O primeiro acidente de carro ocorreu em 1891.

A primeira linha divisória da estrada foi pintada em Michigan, EUA, em 1911.

O primeiro
semáforo foi
instalado em 1914
em Cleveland, EUA.

"A primeira placa
proibindo virar à
esquerda foi instalada
em Nova Lorque, EUA,
em 1916.

Fatos aleatórios sobre carros

Acredita-se que um carro moderno de Fórmula 1 consegue dirigir virado para baixo em um túnel, a uma velocidade de cerca de 190 km/h.

Estabelecido em novembro de 1985, o recorde para remover e substituir um motor de um carro é de 42 segundos.

O carro mais longo já feito é uma limusine Cadillac com mais de 30 metros de comprimento e mais de 20 pneus.

O carro mais baixo já produzido tem menos de 50 cm de altura - é chamado de Flatmobile.

Você se considera um cantor? Parece que a maioria das pessoas que dirigem carros sim. 90% de todos os motoristas cantam quando estão na estrada.

Os carros são o produto mais reciclado do mundo.

No Reino Unido, os carros da polícia costumavam ter um esconderijo para ursinhos de pelúcia caso os oficiais encontrassem uma criança que estivesse em um acidente de carro e precisasse ser acalmada.

Existem mais Rolls Royces em Hong Kong do que em qualquer outro lugar do mundo.

Em 2018, aproximadamente 75% de todos os carros usados vendidos nos Estados Unidos da América eram pretos, brancos, cinza ou prata.

Em 1981, o fabricante alemão Trabant produzia carros sem medidores de combustível.

Aproximadamente 65% dos motoristas em todo o mundo dirigem do lado direito da estrada.

As rodas têm sido usadas por humanos há muito tempo. A mais antiga remonta a 3500 a.C. Foi encontrada na Mesopotâmia.

Os motoristas no Turcomenistão têm direito a 120 litros de combustível grátis por mês.

Na Noruega, metade de todos os carros novos vendidos são elétricos ou híbridos.

Leonardo da Vinci projetou um carro em 1478. O Instituto e Museu da História da Ciência em Florença, Itália, tem uma réplica deste carro que foi finalmente construído em 2004.

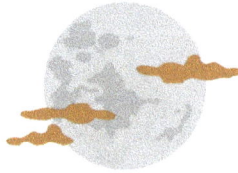

Os proprietários da Rolls Royce amam e cuidam de seus carros - 75% de todos os Rolls Royces ainda estão na estrada.

Se um carro pudesse dirigir pelo ar a uma velocidade média de 96 km/h sem precisar ser reabastecido, ele levaria você à lua em menos de um mês.

Muitos carros novos são silenciosos, tão silenciosos que produzem ruído de motor falso através de caixas de som.

Na Rússia, é contra a lei dirigir com um carro sujo.

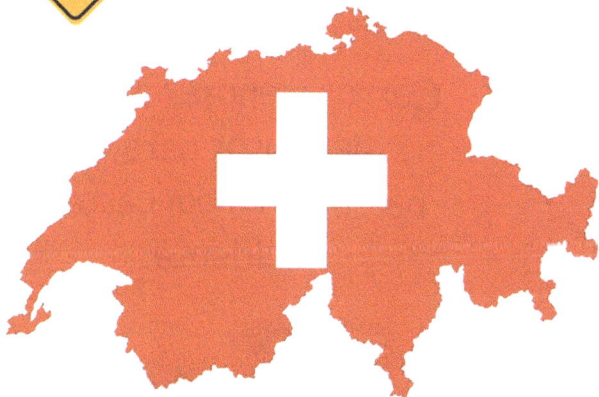

A primeira multa por excesso de velocidade foi emitida em 1902 para um carro viajando a cerca de 72 km/h.

Costumava ser contra a lei bater a porta do carro em alguns lugares na Suíça.

Mitos sobre carros

O termo cavalagem não se refere à velocidade real de um cavalo. É apenas uma maneira de medir quanto trabalho é feito em um determinado período de tempo.

Carros menores são mais perigosos para os passageiros em caso de acidente.

O custo do seguro do carro depende da cor dele.

Carros antigos são mais seguros.

Carros sujos são mais eficientes em termos de combustível.

Encher o combustível pela manhã lhe dá combustível de melhor qualidade.

Você precisa aquecer o motor do carro no tempo frio.

Carros manuais são mais eficientes em termos de combustível do que carros automáticos.

Curiosidades sobre carros

1. O que é usado para inflar pneus?

2. Quais são os combustíveis mais comuns usados para alimentar carros?

3. Que tipos de carros costumam ser usados como veículos comerciais?

Respostas

1. Ar
2. Gasolina, gás. diesel e eletricidade
3. Vans e Utes
4. Quais são algumas mudanças que você pode fazer nos carros?

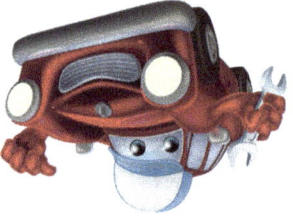

4. Que tipo de mudanças você é pode fazer nos carros?

Outros Títulos na Série Factos Aleatórios

O Livro de Fatos Aleatórios sobre Aviões

O Livro de Fatos Aleatórios sobre o Cérebro

O Livro de Fatos Aleatórios sobre o Espaço

O Livro de Fatos Aleatórios sobre Linguagem

O Livro de Fatos Aleatórios sobre o Sono

Pauline Malkoun